POEMAS MÍSTICOS
de los clásicos hispánicos

POEMAS MÍSTICOS
de los clásicos hispánicos

VARIOS AUTORES

"Nada te turbe,
nada te espante,
todo se pasa,
Dios no se muda".

Santa Teresa de Jesús

Título: Poemas místicos de los clásicos hispánicos
Autor: Varios
Editorial TintaMala
ISBN: 978-84-16030-32-3

Es éste un conjunto de poemas de un momento histórico muy particular en la historia de España. Una vez quedó atrás la Edad Media, las letras de nuestro país vivieron un desarrollo espectacular. Fueron las décadas del conocido como **Siglo de Oro** de nuestra cultura. En el caso de los místicos españoles, además, no puede obviarse el triunfo de la Contrarreforma entre los católicos y la fuerte oposición al avance del cristianismo protestante.

La poesía mística (adjetivo de origen griego: mystikós, que quiere decir cerrado, arcano o misterioso) suele contener versos de búsqueda y encuentro de la divinidad.

Es un **Dios** menos estricto que en épocas anteriores, pero sigue siendo el centro de toda la actividad humana y el único motivo aceptable para darle sentido a la existencia, porque ya no es un **Dios** al que temer o respetar desde lejos, sino otro nuevo que podría compararse a un amigo fiel e inseparable.

Desde un punto de vista literario, estos poemas alcanzan por momentos las cimas más indiscutibles de la poesía española de todos los tiempos.

Y en cuanto a los corazones que sujetaban las plumas que los escribieron, puede decirse sin ningún género de duda que latían a un ritmo profunda y conmovedoramente humano. Para creyentes, agnósticos, ateos… y también para los mediopensionistas, poesía en mayúsculas.

ÍNDICE

ANÓNIMO
No me mueve, mi Dios, para quererte

No me mueve, mi Dios, para quererte
el cielo que me tienes prometido,
ni me mueve el infierno tan temido
para dejar por eso de ofenderte.

Tú me mueves, Señor, muéveme el verte
clavado en una cruz y escarnecido,
muéveme ver tu cuerpo tan herido,
muévenme tus afrentas y tu muerte.

Muéveme, en fin, tu amor, y en tal manera,
que aunque no hubiera cielo, yo te amara,
y aunque no hubiera infierno, te temiera.

No me tienes que dar porque te quiera,
pues aunque lo que espero no esperara,
lo mismo que te quiero te quisiera.

SANTA TERESA

Nada te turbe

Nada te turbe,
nada te espante,
todo se pasa,
Dios no se muda;
la paciencia
todo lo alcanza;
quien a Dios tiene
nada le falta:
Sólo Dios basta.

Eleva tu pensamiento,
al cielo sube,
por nada te acongojes,
nada te turbe.

A Jesucristo sigue
con pecho grande,
y, venga lo que venga,
nada te espante.

¿Ves la gloria del mundo?
Es gloria vana;
nada tiene de estable,
todo se pasa.

Aspira a lo celeste,
que siempre dura;
fiel y rico en promesas,
Dios no se muda.

Ámala cual merece
bondad inmensa;
pero no hay amor fino
sin la paciencia.

Confianza y fe viva
mantenga el alma,
que quien cree y espera
todo lo alcanza.

Del infierno acosado
aunque se viere,
burlará sus furores
quien a Dios tiene.

Vénganle desamparos,
cruces, desgracias;
siendo Dios tu tesoro
nada te falta.

Id, pues, bienes del mundo;
id dichas vanas;
aunque todo lo pierda,
sólo Dios basta.

Vivo sin vivir en mí

Vivo sin vivir en mí,
y tan alta vida espero,
que muero porque no muero.

Aquesta divina unión,
del amor con que yo vivo,
hace a Dios ser mi cautivo,
y libre mi corazón:
mas causa en mí tal pasión
ver a Dios mi prisionero,
que muero porque no muero.

¡Ay! ¡Qué larga es esta vida,
qué duros estos destierros,
esta cárcel y estos hierros,
en que el alma está metida!
Sólo esperar la salida
me causa un dolor tan fiero,
que muero porque no muero.

¡Ay! ¡Qué vida tan amarga
do no se goza el Señor!
Y si es dulce el amor,

no lo es la esperanza larga:
quíteme Dios esta carga,
más pesada que de acero,
que muero porque no muero.

Sólo con la confianza
vivo de que he de morir;
porque muriendo el vivir
me asegura mi esperanza:
muerte do el vivir se alcanza,
no te tardes, que te espero,
que muero porque no muero.

Mira que el amor es fuerte;
vida no seas molesta,
mira que solo te resta,
para ganarte, perderte;
venga ya la dulce muerte,
venga el morir muy ligero,
que muero porque no muero.

Aquella vida de arriba
es la vida verdadera:
hasta que esta vida muera,
no se goza estando viva:
muerte no seas esquiva;
vivo muriendo primero,
que muero porque no muero.

Vida, ¿qué puedo yo darle
a mi Dios, que vive en mí,
si no es perderte a ti,
para mejor a Él gozarle
quiero muriendo alcanzarle,
pues a Él solo es al que quiero,
que muero porque no muero.

Estando ausente de ti,
¿qué vida puedo tener?,
sino muerte padecer
la mayor que nunca vi:
lástima tengo de mí,
por ser mi mal tan entero,
que muero porque no muero.

El pez que del agua sale
aun de alivio no carece,
a quien la muerte padece
al fin la muerte le vale:
¿qué muerte habrá que se iguale
a mi vivir lastimero?
Que muero porque no muero.

Cuando me empiezo a aliviar
viéndote en el Sacramento,
me hace más sentimiento
el no poderte gozar:
todo es para más penar,
por no verte como quiero,
que muero porque no muero.

Cuando me gozo, Señor,
con esperanza de verte,
viendo que puedo perderte,
se me dobla mi dolor:
viviendo en tanto pavor,
y esperando como espero,
que muero porque no muero.

Sácame de aquesta muerte,
mi Dios, y dame la vida,
no me tengas impedida
en este lazo tan fuerte:
mira que muero por verte,
y vivir sin ti no puedo,
que muero porque no muero.

Lloraré mi muerte ya,
y lamentaré mi vida,
en tanto que detenida
por mis pecados está.
Oh, mi Dios, cuándo será,
cuando yo diga de vero,
que muero porque no muero.

Alma, buscarte has en Mí

Alma, buscarte has en Mí,
y a Mí buscarme has en ti.

de tal suerte pudo amor
alma en mí te retratar,
que ningún sabio pintor
supiera con tal primor
tal imagen estampar.

Fuiste por amor criada
hermosa, bella, y así
en mis entrañas pintada,
si te perdieres, mi amada
alma, buscarte has en Mí.

Que yo sé que te hallaras
en mi pecho retratada,
y tan al vivo sacada,
que si te ves te holgaras
viéndote tan bien pintada.

Y si acaso no supieres
donde me hallaras a Mí,
no andes de aquí para allí,
sino, si hallarme quisieres
a Mí, buscarte has en ti.

Porque tú eres mi aposento,
eres mi casa y morada,
y así llamo en cualquier tiempo,
si hallo en tu pensamiento,
estar la puerta cerrada.

Fuera de ti no hay buscarme,
porque para hallarme a Mí,
bastara sólo llamarme,
que a ti iré sin tardarme,
y a Mí buscarme has en ti.

Ya toda me entregué y di

Ya toda me entregué y di,
y de tal suerte he trocado,
que mi Amado es para mí
y yo soy para mi Amado.

Cuando el dulce Cazador
me tiró y dejó rendida,
en los brazos del amor
mi alma quedó caída,
y cobrando nueva vida
de tal manera he trocado,
que mi Amado es para mí
y yo soy para mi Amado.

Tiróme con una flecha
enarbolada de amor,
y mi alma quedó hecha
una con su Criador;
ya yo no quiero otro amor,
pues a mi Dios me he entregado,
y mi Amado es para mí
y yo soy para mi Amado.

Dichoso el corazón enamorado

Dichoso el corazón enamorado
que en solo Dios ha puesto el pensamiento,
por Él renuncia todo lo criado,
y en Él halla su gloria y su contento.
Aun de sí mismo vive descuidado,
porque en su Dios está todo su intento,
y así alegre pasa y muy gozoso
las ondas deste mar tempestüoso.

Vuestra soy, para Vos nací

Vuestra soy, para Vos nací,
¿qué mandáis hacer de mí?

Soberana Majestad,
eterna sabiduría,
bondad buena al alma mía;
Dios alteza, un ser, bondad,
la gran vileza mirad
que hoy os canta amor así:
¿qué mandáis hacer de mí?

Vuestra soy, pues me criastes,
vuestra, pues me redimistes,
vuestra, pues que me sufristes,
vuestra pues que me llamastes,
vuestra porque me esperastes,
vuestra, pues no me perdí:
¿qué mandáis hacer de mí?

¿Qué mandáis, pues, buen Señor,
que haga tan vil criado?
¿Cuál oficio le habéis dado
a este esclavo pecador?
Veisme aquí, mi dulce Amor,
amor dulce, veisme aquí:
¿qué mandáis hacer de mí?

Veis aquí mi corazón,
yo le pongo en vuestra palma,
mi cuerpo, mi vida y alma,
mis entrañas y afición;
dulce Esposo y redención,
pues por vuestra me ofrecí:
¿qué mandáis hacer de mí?

Dadme muerte, dadme vida:
dad salud o enfermedad,
honra o deshonra me dad,
dadme guerra o paz crecida,
flaqueza o fuerza cumplida,
que a todo digo que sí:
¿qué mandáis hacer de mí?

Dadme riqueza o pobreza,
dad consuelo o desconsuelo,
dadme alegría o tristeza,
dadme infierno o dadme cielo,
vida dulce, sol sin velo,
pues del todo me rendí:
¿qué mandáis hacer de mí?

Si queréis, dadme oración,
si no, dadme sequedad,
si abundancia y devoción,
y si no esterilidad.
Soberana Majestad,
sólo hallo paz aquí:
¿qué mandáis hacer de mí?

Dadme, pues, sabiduría,
o por amor, ignorancia;
dadme años de abundancia,
o de hambre y carestía;
dad tiniebla o claro día,
revolvedme aquí o allí:
¿qué mandáis hacer de mí?

Si queréis que esté holgando,
quiero por amor holgar.
Si me mandáis trabajar,
morir quiero trabajando.
Decid, ¿dónde, cómo y cuándo?
Decid, dulce Amor, decid:
¿qué mandáis hacer de mí?

Dadme Calvario o Tabor,
desierto o tierra abundosa;
sea Job en el dolor,
o Juan que al pecho reposa;
sea viña fructuosa
o estéril, si cumple así:
¿qué mandáis hacer de mí?

Sea José puesto en cadenas,
o de Egipto adelantado,
o David sufriendo penas,
o ya David encumbrado;
sea Jonás anegado,
o libertado de allí:
¿qué mandáis hacer de mí?

Esté callando o hablando,
haga fruto o no le haga,
muéstreme la ley mi llaga,
goce de Evangelio blando;
esté penando o gozando,
sólo vos en mí vivid:
¿qué mandáis hacer de mí?

Vuestra soy, para vos nací,
¿qué mandáis hacer de mí?

En la festividad de los Santos Reyes

Pues la estrella
es ya llegada,
vaya con los Reyes
la mi manada.

Vamos todas juntas
a ver el Mesías,
pues vemos cumplidas
ya las profecías.
Pues en nuestros días,
es ya llegada,
vaya con los Reyes
la mi manada.

Llevémosle dones
de grande valor,
pues vienen los Reyes,
con tan gran hervor.
Alégrese hoy
nuestra gran Zagala,
vaya con los Reyes
la mi manada.

No cures, Llorente,
de buscar razón,
para ver que es Dios
aqueste garzón.
Dale el corazón,
y yo esté empeñada:
vaya con los Reyes
la mi manada.

En la cruz está la vida

En la cruz está la vida
y el consuelo,
y ella sola es el camino
para el cielo.

En la cruz está "el Señor
de cielo y tierra",
y el gozar de mucha paz,
aunque haya guerra.
Todos los males destierra
en este suelo,
y ella sola es el camino
para el cielo.

De la cruz dice la Esposa
a su Querido
que es una "palma preciosa"
donde ha subido,
y su fruto le ha sabido
a Dios del cielo,
y ella sola es el camino
para el cielo.

Es una "oliva preciosa"
la santa cruz
que con su aceite nos unta
y nos da luz.
Alma mía, toma la cruz
con gran consuelo,
que ella sola es el camino
para el cielo.

Es la cruz el "árbol verde
y deseado"
de la Esposa, que a su sombra
se ha sentado
para gozar de su Amado,
el Rey del cielo,
y ella sola es el camino
para el cielo.

El alma que a Dios esta
toda rendida,
y muy de veras del mundo
desasida,
la cruz le es "árbol de vida"
y de consuelo,
y un camino deleitoso
para el cielo.

Después que se puso en cruz
el Salvador,
en la cruz está "la gloria
y el honor",
y en el padecer dolor
vida y consuelo,
y el camino más seguro
para el cielo.

FRAY LUIS DE LEÓN
Vida retirada

¡Qué descansada vida
la del que huye del mundanal ruïdo,
y sigue la escondida
senda, por donde han ido
los pocos sabios que en el mundo han sido;

Que no le enturbia el pecho
de los soberbios grandes el estado,
ni del dorado techo
se admira, fabricado
del sabio Moro, en jaspe sustentado!

No cura si la fama
canta con voz su nombre pregonera,
ni cura si encarama
la lengua lisonjera
lo que condena la verdad sincera.

¿Qué presta a mi contento
si soy del vano dedo señalado;
si, en busca deste viento,
ando desalentado
con ansias vivas, con mortal cuidado?

¡Oh monte, oh fuente, oh río!
¡Oh secreto seguro, deleitoso!
Roto casi el navío,
a vuestro almo reposo
huyo de aqueste mar tempestuoso.

Un no rompido sueño,
un día puro, alegre, libre quiero;
no quiero ver el ceño
vanamente severo
de a quien la sangre ensalza o el dinero.

Despiértenme las aves
con su cantar sabroso no aprendido;
no los cuidados graves
de que es siempre seguido
el que al ajeno arbitrio esta atenido.

Vivir quiero conmigo,
gozar quiero del bien que debo al cielo,
a solas, sin testigo,
libre de amor, de celo,
de odio, de esperanzas, de recelo.

Del monte en la ladera,
por mi mano plantado tengo un huerto,
que con la primavera
de bella flor cubierto
ya muestra en esperanza el fruto cierto.

Y como codiciosa
por ver y acrecentar su hermosura,
desde la cumbre airosa
una fontana pura
hasta llegar corriendo se apresura.

Y luego, sosegada,
el paso entre los arboles torciendo,
el suelo de pasada
de verdura vistiendo
y con diversas flores va esparciendo.

El aire del huerto orea
y ofrece mil olores al sentido;
los árboles menea
con un manso ruïdo
que del oro y del cetro pone olvido.

Téngase su tesoro
los que de un falso leño se confían;
no es mío ver el lloro
de los que desconfían
cuando el cierzo y el ábrego porfían.

La combatida antena
cruje, y en ciega noche el claro día
se torna, al cielo suena
confusa vocería,
y la mar enriquecen a porfía.

A mí una pobrecilla
mesa de amable paz bien abastada
me basta, y la vajilla,
de fino oro labrada
sea de quien la mar no teme airada.

Y mientras miserable-
mente se están los otros abrazando
con sed insacïable
del peligroso mando,
tendido yo a la sombra esté cantando.

A la sombra tendido,
de hiedra y lauro eterno coronado,
puesto el atento oído
al son dulce, acordado,
del plectro sabiamente meneado.

A la salida de la cárcel

Aquí la envidia y mentira
me tuvieron encerrado.
Dichoso el humilde estado
del sabio que se retira
de aqueste mundo malvado,

y con pobre mesa y casa
en el campo deleitoso
con sólo Dios se compasa
y a solas su vida pasa
ni envidiado ni envidioso.

Noche serena

A Don Loarte

Cuando contemplo el cielo
de innumerables luces adornado,
y miro hacia el suelo
de noche rodeado,
en sueño y en olvido sepultado,

el amor y la pena
despiertan en mi pecho un ansia ardiente;
despiden larga vena
los ojos hechos fuente;
Loarte y digo al fin con voz doliente:

«Morada de grandeza,
templo de claridad y hermosura,
el alma, que a tu alteza
nació, ¿qué desventura
la tiene en esta cárcel baja, escura?

»¿Qué mortal desatino
de la verdad aleja así el sentido,
que, de tu bien divino
olvidado, perdido
sigue la vana sombra, el bien fingido?

»El hombre esta entregado
al sueño, de su suerte no cuidando;
y, con paso callado,
el cielo, vueltas dando,
las horas del vivir le va hurtando.

»¡Oh, despertad, mortales!
Mirad con atención en vuestro daño.
Las almas inmortales,
hechas a bien tamaño,
¿podrán vivir de sombra y de engaño?

»¡Ay, levantad los ojos
aquesta celestial eterna esfera!
burlaréis los antojos
de aquesa lisonjera
vida, con cuanto teme y cuanto espera.

»¿Es más que un breve punto
el bajo y torpe suelo, comparado
con ese gran trasunto,
do vive mejorado
lo que es, lo que será, lo que ha pasado?

»Quien mira el gran concierto
de aquestos resplandores eternales,
su movimiento cierto
sus pasos desiguales
y en proporción concorde tan iguales;

»la luna cómo mueve
la plateada rueda, y va en pos della
la luz do el saber llueve,
y la graciosa estrella
de amor la sigue reluciente y bella;

»y cómo otro camino
prosigue el sanguinoso Marte airado,
y el Júpiter benigno,
de bienes mil cercado,
serena el cielo con su rayo amado;

»—rodease en la cumbre
Saturno, padre de los siglos de oro;
tras él la muchedumbre
del reluciente coro
su luz va repartiendo y su tesoro—:

»¿quién es el que esto mira
y precia la bajeza de la tierra,
y no gime y suspira
y rompe lo que encierra
el alma y destos bienes la destierra?

»Aquí vive el contento,
aquí reina la paz; aquí, asentado
en rico y alto asiento,
esta el Amor sagrado,
de glorias y deleites rodeado.

»Inmensa hermosura
aquí se muestra toda, y resplandece
clarísima luz pura,
que jamás anochece;
eterna primavera aquí florece.

»¡Oh campos verdaderos!
¡Oh prados con verdad frescos y amenos!
¡Riquísimos mineros!
¡Oh deleitosos senos!
¡Repuestos valles, de mil bienes llenos!».

SOR JUANA INÉS DE LA CRUZ
Esta tarde, mi bien, cuando te hablaba

Esta tarde, mi bien, cuando te hablaba,
como en tu rostro y en tus acciones vía
que con palabras no te persuadía,
que el corazón me vieses deseaba.

Y Amor, que mis intentos ayudaba,
venció lo que imposible parecía,
pues entre el llanto que el dolor vertía,
el corazón deshecho destilaba.

Baste ya de rigores, mi bien, baste,
no te atormenten más celos tiranos,
ni el vil recelo tu quietud contraste

con sombras necias, con indicios vanos,
pues ya en líquido humor viste y tocaste
mi corazón deshecho entre tus manos.

LUIS DE GÓNGORA
Al nacimiento de Cristo, nuestro Señor

Pender de un leño, traspasado el pecho
y de espinas clavadas ambas sienes,
dar tus mortales penas en rehenes
de nuestra gloria, bien fue heroico hecho;

pero más fue nacer en tanto estrecho,
donde para mostrar, en nuestros bienes,
a dónde bajas y de dónde vienes,
no quiere un portalillo tener techo.

No fue ésta más hazaña, oh gran Dios mío,
del tiempo por haber la helada ofensa
vencido en flaca edad con pecho fuerte

(que más fue sudar sangre que haber frío),
sino porque hay distancia más inmensa
de Dios a hombre, que de hombre a muerte.

Caído se le ha un Clavel

Caído se le ha un Clavel
hoy a la Aurora del seno:
¡qué glorioso que está el heno,
porque ha caído sobre él!

Cuando el silencio tenía
todas las cosas del suelo,
y, coronada del hielo,
reinaba la noche fría,
en medio la monarquía
de tiniebla tan cruel,

caído se le ha un Clavel
hoy a la Aurora del seno:
¡qué glorioso que está el heno,
porque ha caído sobre él!

De un solo Clavel ceñida,
la Virgen, Aurora bella,
al mundo se lo dio, y ella
quedó cual antes florida;
a la púrpura caída
sólo fue el heno fiel.

Caído se le ha un Clavel
hoy a la Aurora del seno:
¡qué glorioso que está el heno,
porque ha caído sobre él!

El heno, pues, que fue dino,
a pesar de tantas nieves,
de ver en sus brazos leves
este rosicler divino
para su lecho fue lino,
oro para su dosel.

Caído se le ha un Clavel
hoy a la Aurora del seno:
¡qué glorioso que está el heno,
porque ha caído sobre él!

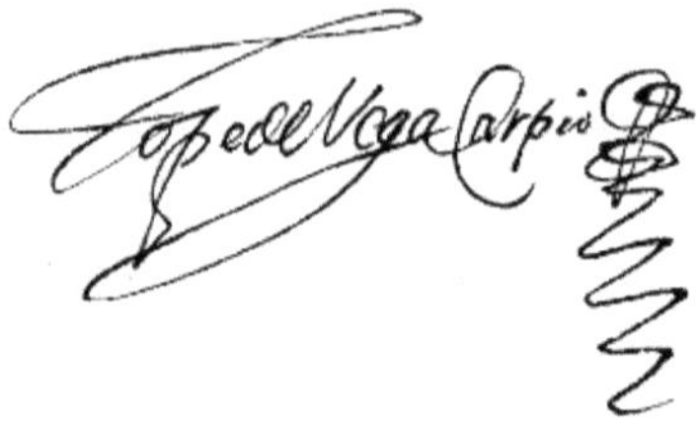

LOPE DE VEGA

¿Qué tengo yo, que mi amistad procuras?

¿Qué tengo yo, que mi amistad procuras?
¿Qué interés se te sigue, Jesús mío,
que a mi puerta, cubierto de rocío,
pasas las noches del invierno oscuras?

¡Oh, cuánto fueron mis entrañas duras,
pues no te abrí! ¡Qué extraño desvarío
si de mi ingratitud el hielo frío
secó las llagas de mis plantas puras!

Cuantas veces el ángel me decía:
«¡Alma, asómate ahora a la ventana,
veras con cuánto amor llamar porfía!».

¡Y cuánta hermosura soberana:
"mañana le abriremos" respondía
para lo mismo responder mañana!

A Cristo en la cruz

¿Quién es aquel Caballero
herido por tantas partes,
que está de expirar tan cerca,
y no le socorre nadie?

«Jesús Nazareno», dice
aquel rótulo notable.
¡Ay Dios, que tan dulce nombre
no promete muerte infame!

Después del nombre y la patria,
Rey dice más adelante,
pues si es rey, ¿cuándo de espinas
han usado coronarse?

Dos cetros tiene en las manos,
más nunca he visto que claven
a los reyes en los cetros
los vasallos desleales.

Unos dicen que si es Rey,
de la cruz descienda y baje;
y otros, que salvando a muchos,
a sí no puede salvarse.

De luto se cubre el cielo,
y el sol de sangriento esmalte,
o padece Dios, o el mundo
se disuelve y se deshace.

Al pie de la cruz, María
está en dolor constante,
mirando al Sol que se pone
entre arreboles de sangre.

Con ella su amado primo
haciendo sus ojos mares,
Cristo los pone en los dos,
más tierno porque se parte.

¡Oh lo que sienten los tres!
Juan, como primo y amante,
como madre la de Dios,
y lo que Dios, Dios lo sabe.

Alma, mirad cómo Cristo,
para partirse a su Padre,
viendo que a su Madre deja,
le dice palabras tales:

«Mujer, ves ahí a tu hijo»,
y a Juan: «Ves ahí tu Madre».
Juan queda en lugar de Cristo,
¡ay Dios, qué favor tan grande!

Viendo, pues, Jesús que todo
ya comenzaba a acabarse,
«Sed tengo», dijo, que tiene
sed de que el hombre se salve.

Corrió un hombre y puso luego
a sus labios celestiales
en una caña una esponja
llena de hiel y vinagre.

¿En la boca de Jesús
pones hiel?, hombre, ¿qué haces?
Mira que por ese cielo
de Dios las palabras salen.

Advierte que en ella puso
con sus pechos virginales
una ave su blanca leche
a cuya dulzura sabe.

Alma, sus labios divinos,
cuando vamos a rogarle,
¿cómo con vinagre y hiel
darán respuesta süave?

Llegad a la Virgen bella,
y decirle con el ángel:
«Ave, quitad su amargura,
pues que de gracia sois Ave».

Sepa al vientre el fruto santo,
y a la dulce palma el dátil;
si tiene el alma a la puerta
no tengan hiel los umbrales.

Y si dais leche a Bernardo,
porque de madre os alabe,
mejor Jesús la merece,
pues Madre de Dios os hace.

Dulcísimo Cristo mío,
aunque esos labios se bañen
en hiel de mis graves culpas,
Dios sois, como Dios habladme.

Habladme, dulce Jesús,
antes que la lengua os falte,
no os desciendan de la cruz
sin hablarme y perdonarme.

SAN JUAN DE LA CRUZ
Cántico espiritual:
canciones entre el alma y el esposo

Esposa:

    ¿Adónde te escondiste,

    amado, y me dejaste con gemido?

    Como el ciervo huiste,

    habiéndome herido;

    salí tras ti, clamando, y eras ido.

    Pastores, los que fuerdes

    allá, por las majadas, al otero,

    si por ventura vierdes

    aquél que yo más quiero,

    decidle que adolezco, peno y muero.

    Buscando mis amores,

    iré por esos montes y riberas;

    ni cogeré las flores,

    ni temeré las fieras,

    y pasaré los fuertes y fronteras.

(Pregunta a las Criaturas)

    ¡Oh bosques y espesuras,

    plantadas por la mano del amado!

    ¡Oh prado de verduras,

    de flores esmaltado,

    decid si por vosotros ha pasado!

(Respuesta de las Criaturas)
Mil gracias derramando,
pasó por estos sotos con presura,
y yéndolos mirando,
con sola su figura
vestidos los dejó de hermosura.

Esposa:
¡Ay, quién podrá sanarme!
Acaba de entregarte ya de vero;
no quieras enviarme
de hoy más ya mensajero,
que no saben decirme lo que quiero.

Y todos cantos vagan,
de ti me van mil gracias refiriendo.
Y todos más me llagan,
y déjame muriendo
un no sé qué que quedan balbuciendo.

Mas ¿cómo perseveras,
oh vida, no viviendo donde vives,
y haciendo, porque mueras,
las flechas que recibes,
de lo que del amado en ti concibes?

¿Por qué, pues has llagado
aqueste corazón, no le sanaste?
Y pues me le has robado,
¿por qué así le dejaste,
y no tomas el robo que robaste?

Apaga mis enojos,
pues que ninguno basta a deshacellos,
y véante mis ojos,
pues eres lumbre dellos,
y sólo para ti quiero tenellos.

¡Oh cristalina fuente,
si en esos tus semblantes plateados,
formases de repente
los ojos deseados,
que tengo en mis entrañas dibujados!
¡Apártalos, amado,
que voy de vuelo!

Esposo:
    Vuélvete, paloma,
    que el ciervo vulnerado
    por el otero asoma,
    al aire de tu vuelo, y fresco toma.

Esposa:
   ¡Mi amado, las montañas,
   los valles solitarios nemorosos,
   las ínsulas extrañas,
   los ríos sonorosos,
   el silbo de los aires amorosos;

   la noche sosegada,
   en par de los levantes de la aurora,
   la música callada,
   la soledad sonora,
   la cena que recrea y enamora;

   nuestro lecho florido,
   de cuevas de leones enlazado,
   en púrpura tendido,
   de paz edificado,
   de mil escudos de oro coronado!

   A zaga de tu huella,
   las jóvenes discurran al camino;
   al toque de centella,
   al adobado vino,
   emisiones de bálsamo divino.

En la interior bodega
de mi amado bebí, y cuando salía,
por toda aquesta vega,
ya cosa no sabía
y el ganado perdí que antes seguía.

Allí me dio su pecho,
allí me enseñó ciencia muy sabrosa,
y yo le di de hecho
a mí, sin dejar cosa;
allí le prometí de ser su esposa.

Mi alma se ha empleado,
y todo mi caudal, en su servicio;
ya no guardo ganado,
ni ya tengo otro oficio,
que ya sólo en amar es mi ejercicio.

Pues ya si en el ejido
de hoy más no fuere vista ni hallada,
diréis que me he perdido;
que andando enamorada,
me hice perdidiza, y fui ganada.

De flores y esmeraldas,
en las frescas mañanas escogidas,
haremos las guirnaldas
en tu amor florecidas,
y en un cabello mío entretejidas:

en sólo aquel cabello
que en mi cuello volar consideraste;
mirástele en mi cuello,
y en él preso quedaste,
y en uno de mis ojos te llagaste.

Cuando tú me mirabas,
tu gracia en mí tus ojos imprimían;
por eso me adamabas,
y en eso merecían
los míos adorar lo que en ti vían.

No quieras despreciarme,
que si color moreno en mí hallaste,
ya bien puedes mirarme,
después que me miraste,
que gracia y hermosura en mí dejaste.

Cogednos las raposas,
que está ya florecida nuestra viña,
en tanto que de rosas
hacemos una piña,
y no parezca nadie en la montiña.

Deténte, cierzo muerto;
ven, austro, que recuerdas los amores,
aspira por mi huerto,
y corran sus olores,
y pacerá el amado entre las flores.

Esposo:
Entrado se ha la esposa
en el ameno huerto deseado,
y a su sabor reposa,
el cuello reclinado
sobre los dulces brazos del amado.

Debajo del manzano,
allí conmigo fuiste desposada,
allí te di la mano,
y fuiste reparada
donde tu madre fuera violada.

A las aves ligeras,
leones, ciervos, gamos saltadores,
montes, valles, riberas,
aguas, aires, ardores
y miedos de las noches veladores,

por las amenas liras
y canto de sirenas os conjuro
que cesen vuestras iras
y no toquéis al muro,
porque la esposa duerma más seguro.

Esposa:
¡Oh ninfas de Judea!,
en tanto que en las flores y rosales
el ámbar perfumea,
mora en los arrabales,
y no queráis tocar nuestros umbrales.

Escóndete, Carillo,
y mira con tu haz a las montañas,
y no quieras decillo;
mas mira las compañas
de la que va por ínsulas extrañas.

Esposo:

> La blanca palomica
> al arca con el ramo se ha tornado,
> y ya la tortolica
> al socio deseado
> en las riberas verdes ha hallado.

> En soledad vivía,
> y en soledad he puesto ya su nido,
> y en soledad la guía
> a solas su querido,
> también en soledad de amor herido.

Esposa:

> Gocémonos, amado,
> y vámonos a ver en tu hermosura
> al monte o al collado
> do mana el agua pura;
> entremos más adentro en la espesura.

> Y luego a las subidas
> cavernas de la piedra nos iremos,
> que están bien escondidas,
> y allí nos entraremos,
> y el mosto de granadas gustaremos.

Allí me mostrarías
aquello que mi alma pretendía,
y luego me darías
allí tú, vida mía,
aquello que me diste el otro día:

el aspirar del aire,
el canto de la dulce filomena,
el soto y su donaire,
en la noche serena
con llama que consume y no da pena;

que nadie lo miraba,
Aminadab tampoco parecía,
y el cerco sosegaba,
y la caballería
a vista de las aguas descendía.

Noche oscura del alma

En una noche oscura,
con ansias, en amores inflamada,
¡oh dichosa ventura!,
salí sin ser notada
estando ya mi casa sosegada.

A oscuras y segura,
por la secreta escala, disfrazada,
¡oh dichosa ventura!,
a oscuras y en celada,
estando ya mi casa sosegada.

En la noche dichosa,
en secreto, que nadie me veía,
ni yo miraba cosa,
sin otra luz y guía
sino la que en el corazón ardía.

Aquésta me guiaba
más cierto que la luz de mediodia,
adonde me esperaba
quien yo bien me sabía,
en parte donde nadie parecía.

¡Oh noche que guiaste!
¡oh noche amable más que la alborada!
¡oh noche que juntaste
Amado con amada,
amada en el Amado transformada!

En mi pecho florido,
que entero para él solo se guardaba,
allí quedó dormido,
y yo le regalaba,
y el ventalle de cedros aire daba.

El aire de la almena,
cuando yo sus cabellos esparcía,
con su mano serena
en mi cuello hería
y todos mis sentidos suspendía.

Quedéme y olvidéme,
el rostro recliné sobre el Amado,
cesó todo y dejéme,
dejando mi cuidado
entre las azucenas olvidado.

El pastorcico

Un pastorcico solo esta penando
ajeno de placer y de contento
y en su pastora puesto el pensamiento
y el pecho del amor muy lastimado.

No llora por haberle amor llagado,
que no le pena verse así afligido
aunque en el corazón está herido,
mas llora por pensar que está olvidado.

Que sólo de pensar que está olvidado
de su bella pastora con gran pena
se deja maltratar en tierra ajena,
el pecho del amor muy lastimado.

Y dice el pastorcico: «¡Ay desdichado
de aquél que de mi amor ha hecho ausencia
y no quiere gozar la mi presencia,
y el pecho por su amor muy lastimado!».

Y al cabo de un gran rato se ha encumbrado
sobre un árbol do abrió sus brazos bellos
y muerto se ha quedado asido de ellos
del pecho del amor muy lastimado.

Llama de amor viva

¡Oh llama de amor viva
que tiernamente hieres
de mi alma en el más profundo centro!
Pues ya no eres esquiva
acaba ya si quieres,
¡rompe la tela de este dulce encuentro!

¡Oh cauterio süave!
¡Oh regalada llaga!
¡Oh mano blanda! ¡Oh toque delicado
que a vida eterna sabe
y toda deuda paga!
Matando, muerte en vida has trocado.

¡Oh lámparas de fuego
en cuyos resplandores
las profundas cavernas del sentido,
que estaba oscuro y ciego,
con extraños primores
color y luz dan junto a su querido!

¡Cuán manso y amoroso
recuerdas en mi seno
donde secretamente solo moras,
y en tu aspirar sabroso
de bien y gloria lleno,
cuán delicadamente me enamoras!

tinta mala

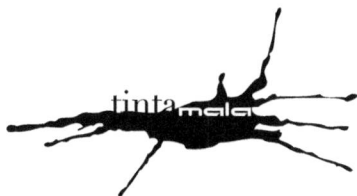

www.tintamala.com
info@tintamala.com

www.ingramcontent.com/pod-product-compliance
Lightning Source LLC
Chambersburg PA
CBHW071057040426
42443CB00013B/3363